맨드리 김희주 시집

마음을 천장에 붙이다

마음을 천장에 붙이다

맨드리 김희주 시집

곰단지

작가의 말

살아있는 시를 찾아서

"변화를 허용하되 중심을 잃지 않는 시,
색을 지니되 그 색에 머물지 않는 시,
같은 듯 다른, 다른 듯 같은,
한마디 말로 쉽게 규정되지 않는,
세상을 담아 살아 꿈틀거리는 시."

정민 박사님이 번역한 이규보 〈논시중미지략언(論詩中微旨略言)〉에서 영감을 받아 나름대로 써봅니다.
살아있는 시,
정말 가능할까요.

소중한 지금, 이 책을 펼쳐 주신
그대께 진심으로 감사드립니다.
해설을 써 주신 정삼조 선생님과
그림을 허락해 주신 김형구 화가님께
깊이 감사의 마음을 전하며,
늘 곁에서 응원해 준 가족들과
제게 힘이 되어주신 많은 분들께
뜨거운 심장 소리를 보냅니다.
시의 소재와 삶의 의미를 빌려준
일상의 모든 순간들과 '가치단어들'에는,
덕분에 제 마음을 단단히 붙들 수 있었다고
전하고 싶습니다.

2025년 11월

맨드리 김희주

※ 맨드리: 옷을 입고 매만진 맵시, 물건의 모양새. 맵시 있는 창작물을 "맹그는 사람"이 되고자 하는 마음입니다.

차례

| 작가의 말 | 살아있는 시를 찾아서 | 맨드리 김희주 | 4 |

1부 숨 한 번, 마음 한 번

나	13
내 손에 나를	14
무면허 시인	15
대학원과 변명	16
경인아	17
당당한 나의 친구 정진아	18
삐뚤삐뚤 편지	20
바보같이	21
하루	22
오늘은 쉬는 날	23
밀린 숙제	24
소화기와 방화문	25
4월 16일의 특강수업	26
부르르 떨었다 (12.3 계엄령 선포)	27
벌써 사흘이나 지났어	28
후(後)	29
바다에서 두드리면	30
마음을 천장에 붙이다	31
이제서야 거울을 봤다	32
하늘색 날개	34
매운닭발, '보'만 내는 손	35
커다란 꽃 그림	36
육수 반병	38
깻잎부침개	39

2부 사이를 잇는 말들

공감	43
경청	44
배려	45
우정	46
즐거움	48
호기심	49
지혜	50
긍정	52
약속	53
절제	54
끈기	55
용기	56
자신감	58
책임	60
근면	62
용서	63
격려	64

3부　느린 불, 오래 따뜻함

사랑	67
나눔	68
감사	70
행복	71
소통	72
존중	73
협동	74
예절	76
효도	77
평화	78
믿음	80
성실	83
자율	84
노력	86
정직	88
겸손	89
열정	92
창의성	93

4부   꺼낼수록 채워지는 것들

하늘에 꽃이 피었네요	96
거울속	98
너를 보았다	100
가자!	102
노을	104
대화	106
동상이몽	108
너를 보니 바다가 궁금해	110
여기저기 바다	112
사실	114
생각전환	116
증거	118
너를 위해	120
촛불	122
동글동글 생명나무	124
엉킨실타래	126
줄줄이 사탕	128
고마워 드림키퍼	130
하얀 튤립	132
사과꽃	134
오늘따라 네가 더욱 멋져 보인다	136

작품 해설   살아있음을 밝히는 우화(寓話)   정삼조   140

1부
숨 한 번,
마음 한 번

평범한 시간들이 모여 만든,

평소의 걸음과 호흡이 담긴

일상의 순간들,

24편을 엮었습니다.

나

나를 소개할 일이
많아졌다

"당신은 누구냐"―
물음을 들을 때마다,

이름 하나 달랑
쥐고 있을 뿐,

적당한 단어와 문장을
못 찾았다

혹시나 내 뒤를 따르는
그림자에게 물어봐도
끝내, 찾지 못했다

내 손에 나를

나를 책상에 앉혔다
배워야 할 영역이

책과 나를, 분리시켰다
내 머리가

글자를, 끝내 거부했다
내 눈이

내가 밟아
땅바닥에 뒹굴던 자존감을,

일흔다섯에 아카데미상을 받은 여배우가
내 손에 나를, 살포시 쥐여줬다

* 75세에 아카데미 여우조연상 수상한 배우 윤여정 씨를 보고

무면허 시인

첫 번째 문제 — 온몸을 불살라 뼈마디 하나하나 고통을 느끼며 글을 쓰고 있소?
두 번째 문제 — 어두운 세상을 대변하는 노래하는 사람이 맞소?
세 번째 문제 — 정치와 나라와 애국과 국민은 뭐요?
네 번째 문제 — 나와 타인을 어찌 구별할 거요?
다섯 번째 문제 — 시인이라면 당연히 해야 할 일은 무엇이오?
여섯 번째 문제 — 시를 통해 하고 싶은 말은 뭐요?
일곱 번째 문제 — 당신만의 세계에 빠지지 않으려 무엇을 하고 있소?
여덟 번째 문제 — 말이 너무 어려운 거 아니오?
아홉 번째 문제 — 말장난과 시는 어찌 구별할 거요?
열 번째 문제 — 표절은 어디까지가 표절이오?

이번에도 실격이다
아직 나는 무면허 시인이다

대학원과 변명

나이 오십에 대학원에 도전했을 때
힘내라 응원해 주는 사람들과
돈 낭비, 시간 낭비, 쓸데없다는 사람들

나이 오십에 대학원에 들어와 보니
파릇파릇한 젊은이들의 알콩달콩 사랑과 열정,
생명 끈을 가방끈으로 이어 밤을 새우는
교수 된 친구

나이 오십, 대학원에 들어와 보니
멋진 사람들, 산더미 과제,
그만큼 어마해진 학자금대출,
대학생과 대학원생에게만 주어진
젊음의 문학상 응모 권리

나이 오십에 대학원에 들어와 보니
공부할 권리를 무시해 왔던 나에게 주는 마지막 선물,
세상에 당연한 것은 없다는—당연한 이야기

경인아

널따란 거실 한 면을
꽃 그림으로 채우고
커다란 사랑방을 갖고 싶다

이십 년 넘는 세월
달콤한 솜사탕을
함께 살라 먹은 친구야

경인아, 너에게는
나의 사랑방을
언제든 내어주마

* 살라먹다 : 불에 모조리 태워버리다.

당당한 나의 친구 정진아

하얀 치아와 반달 눈주름을 만들어내는
너의 웃음은
미소가 예쁜 유명 연예인과 닮았다

우리가 만난 20여 년 전,
고민과 고민, 선택과 선택 사이에서
너는 당당히 헤치며 걸어갔다

험난한 연극판으로 뛰어들었을 때도,
다시 유아교육과에 입학했을 때도
늦을 때는 없다고 보여주었지

새싹반 아이들 속에 둘러싸여
성장해 나가는 지금도
너의 커다란 지팡이는
너의 곁을 지켜나가고 있다

영화를 찍을 때 집중하는 모습이 멋있다는
너의 말에 짧게나마 영화인이 되었지
가시덤불에 내 머리가 엉켰을 때
도끼를 찍으며 길을 내주었지

나는 너의 칭찬과 응원을 먹고
등대와 나침반을 먹고 살았다

여린 너의 속마음을 알지 못하는 나는
가로등이 되어 갈 길을 내주었던 너에게
집 하나 제대로 못 들어 주는
입으로만 연주하는 베짱이다

받은 만큼 챙겨 주지 못한 빚이
쌀 한 가마니가 되어
마음 한켠 뒤주에 담겼다

당당한 나의 친구 정진아,
너의 선택은 그 순간 최선이었고
너와 가족은 더욱 행복해질 것이며
너의 길은 네가 원하는 대로 되리니
베짱이의 축복 노래를 들어주렴

삐뚤삐뚤 편지

한글 4반 김희주 선생님께
선생님 안녕하세요
저는 김순자입니다
선생님 참 고맙습니다
우리반에게 글자도 알려주시고
받아쓰기도 해주셔서 고맙습니다
모르는 거 알려주셔서
지금은 글씨도 잘 읽고 은행도 갔어요
까막눈 아닙니다
편하게 살고 있어요
부디 건강하세요
진짜로 고맙습니다
가려운데 긁어주셔서 감사합니다
열심히 공부하겠습니다
계속 선생님 해주세요
김순자 올림

바보같이

쓰디쓴 까만 액체를
속에 들이붓고
머리를 마구 흔들어본다

쓰디쓴 하얀 액체를
속에 들이켜고
머리를 마구 쥐어짜 본다

밍밍한 투명 액체를
속에 부어넣고
멍하니 그냥 멈춰본다

바보같이

하루

밤이 와르르 무너진다
새벽이 돋아난다
아침이 솟는다
점심해가 눈에 밟힌다
저녁이 고꾸라진다

새벽별이 알을 낳았다

오늘은 쉬는 날

기타 소리를 한 번에 삼키던 파도 소리가
내 하소연은 조금씩 야금야금 먹었다

똑똑 문을 두드리자
오늘은 쉬는 날이라며 바닷가 거닐다가 가란다

천천히 한 바퀴 돌았더니 마음이 편해졌다
내일 또 오겠다고 예약해 놓았다

밀린 숙제

편치 않은 마음으로
자리에 앉아,
어제저녁—끊겨버린 장면을 되감는다

나를 위한 쉼이라 적고,
게으른 책가방이라 읽는다

여름날, 이틀 밀린 빨래보다
더 냄새나는
속마음

소화기와 방화문

결혼식장 엘리베이터를 사이에 두고
까르르 웃고 있는 빨간 소화기와
말없이 굳게 닫힌 듬직한 방화문

바라만 보게 해주세요 지금처럼요
함께하고 싶어요 시뻘건 화마는 싫어요

엘리베이터는 눈치 없이
커다란 입을 여닫다가

다섯 명의 하객들을 둘 사이에 내려줬다

4월 16일의 특강 수업

4월 16일의
고등학교 1학년, 2학년
특강 수업

너무 예쁘고,
정말 멋있어서
한 명 한 명과 눈을 맞추며
얼굴을 들여다보았다

"너희 참 예쁘고 멋지다"는
나의 말에
아이들 몇은
코웃음 친다

마음속 날아간
노오란 나비가 겹쳐져,
시린 이가 흔들리듯
학교 교정의 초록이
먹먹해졌다

* 세월호 사건을 기억하며

부르르 떨었다

12.3 계엄령 선포

부르르 떨었다
온몸의 털이 도망치듯 솟았다
몸을 움츠리며 쥐구멍을 찾아 헤맨다

부르르 떨었다
하얗게 질린 머릿속에 검은 잉크를 담는다
모래시계가 안에서 사각사각 흘러내린다

부르르 떨었다
쭈뼛쭈뼛거리다 두꺼운 외투를 걸친다
작은 반딧불이 하나를 들고 무리를 찾는다

커다란, 북적이는 광장에서
반딧불이 무리와 목청 터지게 소리친다
돌덩이를 도려내고 시원한 물을 마신다

부르르 떨다가, 쭈뼛쭈뼛거리다가,
개똥벌레의 뒷다리로 바위를 잘게 부수어
반딧불이 마을 길가에 소복이 뿌려놓는다

* 2024년 12월 3일 대한민국에서 불법내란계엄령이 선포되었다가 시민들과 불복종한 군인들에 힘입어 종결되었다.

벌써 사흘이나 지났어

세상도 마음도 퍽퍽해져서,
스치기만 해도 불붙을지 몰라

비가 오길 기다리다가
사람들이 동그란 물방울이 되었대
커다란 물방울들이
굉장한 폭포를 만들었어

폭포가 세상을 적신지
벌써, 사흘

그 물이 내 삶에 팍팍 스며들어
내 일상도 촉촉해졌어

내 생각을 거대하게 만들어,
세상을 기대하게 만들어

그리고 지금,
벌써 사흘이 지났어.
그 물이 머물고 간지
벌써 사흘

후(後)

보이지 않는 누군가에게
소스라치며 손사래 치는 나에게
다가오겠는가

반갑게 손을
잡을 수 있을까
어깨동무를
해 볼 수 있을까
위로의 포옹을
할 수 있을까

지나간 후에도,
돌아간 후에도,

내 마음이 변할까 봐,
돌아가지 못할까 봐,
내가 먼저 피할까 봐,
두렵고 두렵다

바다에서 두드리면

소리 듣고 왔구나, 너.
바다가 두드렸어
너를 향해,
두드렸어

바다에서 두드려봐
세상을 향해, 힘껏
나를 향해
두드려봐

바다에서 두드리면,
바람처럼 달려갈게
바다에서 두드리면,
바람처럼 뛰어갈게

바다에서 두드리면!

마음을 천장에 붙이다

호호 불어 날린 민들레 씨앗보다
백만 배 가볍게 떠도는 내 마음을
일주일 잠복 끝에 겨우 잡아
안방 천장에 꾸—욱 붙였다
12년 된 야광별 가족이
반갑다며 반짝거렸다

이제서야 거울을 봤다

현관 앞 귀퉁이에
거미가 주인인 듯 영역 표시를 해놨다
눈인사할까 하다 서먹해서 움찔했다

거미를 피하듯 비밀번호를 누르고
도둑인 양 한 번 더 돌아본다
다행히 비밀번호는 그대로다

켜켜이 쌓인, 쾨쾨한 먼지
손가락으로 그림을 그려도 되겠다

낯선 손님처럼, 부동산에서 나온 듯
부엌 개수대에 물을 틀어보고
화장실 변기 물도 내려보고

냉장고를 열어 둘러본 뒤
방들을 차례로 들어갔다 나왔다
아쉽게 도둑 든 흔적조차 없다

내가 없는 동안에도
세상은 잘 돌아갔나 보다

이제야 돌아왔다

이제서야 거울을 봤다

하늘색 날개

장날, 알밤들이 수북하게 쌓이고
밤송이 가시가 마음을 찌르는 계절
수확하는 사람들 사이로,
빈손의 나만 남았다

밥값 못한 나는,
죽도 아닌 진밥처럼,
빨개지다 만 낙엽처럼
날개를 접고 알밤이 된다

오랜만에 올려다본 하늘은,
코가 찡한 하늘색이다
어찌 그리 찡할까
나는 언제 하늘로 날까

내가 접고 펴지 않던 날개
누가 나의 날개를 펴주랴
굽어진 날개 펴고 날아가리라
하늘색 날개로 하늘을 날리라

매운닭발, '보'만 내는 손

숯불에 달궈져 빠싹
덜렁거리는 네 발가락이
가위바위보의 '보'를 내민다
새빨갛게 달아오른 닭발

아이쿠, 모양 그대로라 움찔하지만
치킨은 먹으면서 닭발은 왜일까
오독오독, 생각보다 괜찮네

모양은 이래도 맛은 좋다
한번 맛보고 말하자
정 못 먹겠으면 뱉어도 된다
보는 것과 먹는 건 다르니까
선입견은 모양에서 시작해, 맛에서 풀렸다

늘 '보'만 내는 닭발은
사람에 대한 가위바위보에
진심이라고 나는 믿었다
선입견 앞에서 흔들린
나에게 살짝 손을 내밀었다

커다란 꽃 그림

한쪽 벽을 가득 메운
꽃병 속 꽃 그림
눈동자를 흔들고
심장을 데우고
머리를 채우더니
나를 삼켰다

꽃잎은 뭉개지고
질감만 남은 여러 꽃들이
구겨진 도자 물고기 화병에서
부둥켜 엉켰다
나도 따라 엉겨 붙었다

단순한 삶이 따뜻하게 느껴진
인생을 표현한 그림 한 점
포근히 감쌀 벽이 있는,
그림에 어울리는 벽이 있는
숨 쉬는 집을 찾아 헤맨다

* 화가 김형구 – 물고기가 그려진 화병의 꽃, 91 × 116.8cm /oil on canvas, 2017년 작

육수 반병

요리 잘하시는 친정엄마가
보내주신 진한 육수 한 통

한 방울 두 방울 아끼고 또 아낀
엄마 손맛 나는 육수
반 남은 육수통이
미끄러져 개수대로 흘러 버렸다

내 눈에 짠물이 또르르,
아쉬움으로 따라 흘렀다

서러움이 몰려와 어깨를 내려앉히고
온 힘을 빼 버렸다

반짝이는 금목걸이 하나 못 사드린
미안함까지 몰려와,

엉엉,
소리 내어 울었다

깻잎부침개

요리 솜씨 좋은 서울엄마에게서
맛있는 김치가 도착했다
깻잎부침개 두 봉지도 붙어왔다

제대로 요리 하나 못 하는
나이 들어 시집간 큰딸에게 보낸,
내가 좋아하는 깻잎부침개

한장 한장 깨끗이 씻어
두 장을 살포시 포개고
묽은 부침가루 반죽 살짝 입혀
모양 살려 부친 ― 깻잎부침개

꽁꽁 얼려 보낸,
켜켜이 쌓인 부침개 덩어리는
짙어진 엄마의 주름과 겹쳐
김칫국물 사레보다 ― 더 맵다

2부
사이를 잇는 말들

'가치'라 부르는 단어들을

제 목소리로 옮겨보았습니다.

소제목을 단 시편들,

사이사이를 잇는 17편을 모았습니다.

공감

그게 뭐라고 — 작은 온기에 흔들리는 마음

그게 뭐라고
따뜻한 눈빛에
가슴이 아리네

그게 뭐라고
말 한마디에
목이 메이네

그게 뭐라고
웃음소리에
눈물이 나네

그게 뭐라고
토닥이는 손에
녹아 버리네

그게 뭐라고

경청

어느 봄날 — 귀를 열고 마음을 듣기

"벚꽃이 더 오래 폈으면 좋겠어요"
흩날리는 벚꽃비를 보며 아쉬워하는 내 말에
김 선생님이 답했다

"우리 집에 복숭아나무 한 그루가 있어요.
벚꽃이 오래 피면 벌과 나비가
벚꽃에만 관심을 두고
복숭아꽃엔 덜 가더라고요.
저는 맛있는 복숭아를 먹고 싶거든요.
그러려면 벚꽃이 일찍 지는 게 맞아요."

그 말을 듣고,
자연의 바통 넘겨주기가
얼마나 조용히,
자연스레 이루어지는지 깨달았다

봄날이 오래 머물길 바라는 마음은,
결국 내 작은 욕심일 뿐

봄은, 여름을 향해
계주하며 달리고 있었다

배려

벚꽃 눈(雪) — 아이에게 잃어버린 눈사람 찾아주는 봄(春)

우리 동네 설(雪) 미용실 옆,
커다란 벚나무 꽃피었다
사람들이 옹기종기 모여
꽃을 담는다

겨우내 기다리던 눈꽃송이,
따뜻한 꽃눈으로
살랑살랑
손바닥을, 어깨를 쓰다듬는다

어느 겨울,
고사리손으로 만든 눈사람 녹을까 봐
밤을 지새던 다섯 살 아이에게
꽃눈송이로 찾아왔다

벚나무 아래,
함박눈이 펑펑 내렸다

우정
숨 — 필요할 때 꺼내 쓰는 산소호흡기

항상 그랬다
생각날 때만, 다급할 때만 연락했다

만나면
우리는 한숨에 이야기하고 듣고
떠들고 울고, 다시 숨 쉬었다

필요할 때만 찾느냐고 다투고
몇 해를 끊었다가 또 이어 붙였다

살다 보니 공백이 길어져도
몇 년 만의 짧은 만남이 기쁘고 아쉬웠다

서로 잘 숨 쉬고 있어 다행이라 말하고
생일을 챙겨 고맙다, 나의 산소호흡기들

너희 덕분에
나는 다시, 숨을 얻었다

당신에게는
필요할 때 꺼내 쓰는 호흡기가

몇 대나 있나요

즐거움

제비꽃 말장난 — 꼬리를 물고 피어나는 가벼운 웃음

아파트 화단 모서리, 그림자 쪽에
보라 제비꽃이 피었다
학명은 비올라라는데—클라리넷은 아니고

봄에 강남 갔던 그 제비일까,
친구 따라 강남 물 삼킨 제비일까,
카바레 돌던 사모님 곁의
날라리 제비일까,
물수제비를 뜨다
수제비 떠먹던 그 '제비'일까,
흥부네 박씨 주던 그 제비일까,
우체부 가방 가죽 냄새 따라
소식 전하는 제비일까

시인 '이상'의 제비다방엔
이런 실없는 말을 누군가는
불씨처럼 돌렸으리라

말장난의 제비 꼬리가
지휘자의 옷 뒤꽁무니까지 타들었다

호기심

왜요? × 왜요? — 질문 대마왕

네 살 무렵 너는
질문 대마왕이었다

왜요? 왜요? 왜요?
왜요에 왜요를 더하고,
백 배, 천 배로 곱했다

그 질문들을 모으면
달까지,
두세 번은 다녀왔겠다

나는 정답을 찾아
최선을 다해 대답했지만
제대로였는지는 모르겠다

지금은 묻지 않는 너에게
이제는 내가 먼저 묻겠다

오늘 기분은 어떤지
무슨 일이 있었는지
그 '왜'는 아직 살아 있는지

지혜
생활 속의 명언들 — 값비싼 수업료로 깨닫는 것들

건강한 신체에서
건강한 정신이 나온다

저녁에는 의자를 사지 말라
피곤해서
아무 의자나 사고 만다

배고프거나 피곤한 몸 상태로는
어떠한 중요한 선택도
결정도 하지 말라

배고플 땐 맛있는 것을 먹고
피곤하면 원기를 회복하라
중요한 것은 그 이후에 결정하라

마음과 몸이 피곤한 상태에서 한 결정은
언제나 돈과 열정과 탈탈 털린 영혼의
아까운 비싼 수업료를 지급하게 된다

그 돈으로
맛있는 떡과 케이크를 사먹어라

급할수록 돌아가라
너에게 몸이 회복될 여유를 주어라

자신을 바보라며 자책하지 않으려면
네가 만든 지옥에서 벗어나려면
지금, 당장
맛있는 것으로
스스로를 위로해 줘라

긍정

그 선을 넘었다 — 하늘은 아직 머리 위에

넘을 수 없는,
넘어서는 안 되는,
스스로 그은 한계선

보이지도 않는,
달랑 한 개 선
딸랑, 선 한 개

그 선을 넘었다
무심코, 넘어버렸다

세상은 무너지지 않았고
하늘은 아직 머리 위에 있다

발밑에 그어진
삐뚤한 선 하나를
신발 앞코로,
툭툭 지워 버렸다

약속
게으름의 절대자 — 스스로의 다짐에서 벗어나지 않기

세상이 어떤 줄 아는가…
세상을 알기나 하는가

후회할 것을 알면서,
알고 있으면서,
할 수 있으면서—

그냥, 마냥,
마냥, 저냥,

두려워하는 나를,
거부하는 나를,
나만 모르는 나를—

게으름의 절대자

절제

혹시나 — 더 가지려는 마음 놓아두기

한번 찔러본다
혹시나, 한 번 더 찔러본다
내 것이 아님을 알고
슬그머니 내려놓는다

끈기
애벌레 — 살아남기 위한 끊임없는 몸부림

숨소리 멈추고
쉿,
꿈틀거리는 애벌레

꼼지락꼼지락
잎사귀를 몸에
최대한 채운다

거미를 피해
발버둥 친다
갈 길 가기도 바빠

저 너머의 것들보다
더 느리게,
꿈틀거리는 애벌레

용기
열여섯의 유관순 — 나라면 못했을 그 길 앞에서

백 년 전,
열여섯 어린 나이로
조국을 위해
목숨과 맞바꾼 고문을 견딘 너

감옥에서도
당당히 외친
대한독립만세—
사람들 마음엔 불이 붙고
네 온몸은 부서졌지

나라면
그렇게 못했을 거야
한 번의 매질에도,
손톱 하나를 뽑아도

나라면
절대 그렇게 못했을 거야
거꾸로 매달기만 해도,
좁은 독방에 가두기만 해도

나라면
끝내 버티지 못했을 거야

그해 삼월의 함성,
그다음 해 서대문형무소의 침묵—
열여섯, 유관순의 이름 앞에서
나는 온몸이 땅에 붙었다

---

* 1919년 3.1 만세 운동 때 서울에서, 천안 아우내장터에서 열여섯의 유관순은 온몸을
바쳐 대한 독립 만세를 외치고 그다음 해 모진 고문으로 서대문형무소에서 순국하였다.

자신감
무궁화 한 그루 — 가슴을 펴고 기죽지 않는 당당함, 구파 백정기 의사

30여 년 전, 천안 독립기념관에서
깔끔한 양복, 단단한 눈빛,
당당하고 잘생긴 독립운동가의
사진 한 장을 만났다

상하이를 중심으로 움직인 흑색공포단,
아나키스트의 이름으로,
상하이 '육삼정' 의거를 준비하던 그는
믿었던 일본 기자의 밀고로
거사 이전에 체포되었다

얼마나 당황스럽고 억울했을까
얼마나 가슴을 뜯었을까
일본 헌병에게 잡힌 그 순간에도
그의 눈빛은 세상을 칼로 베었다

기죽지 않고 가슴을 내민 채
끝내 어깨를 펴고 선 사람
그 장면은 그렇게 내 뇌리에
'당당한 자신감'으로 박혔다

나중에 본 옆모습에서는
시작되지 못한 거사의 여운이
아쉬움과 함께 눈빛에 묻어났다
어찌 그렇지 않을 수 있으랴

내가 가장 존경하는 독립운동가,
독립기념관에서 가장 멋진 이름,
구파 백정기 의사
어떻게 그런 상황에서도
그토록 강인하고 깊은 눈빛을 내어 주었을까

자신의 모든 것을 쏟아부은 그는
참으로 억울한 죽음을 맞이하면서도
조국의 땅에 묻히길 원했고
한 그루 무궁화를 부탁했다

그의 무궁화는
끊임없이 피고 지며
우리나라 곳곳에서 조용히
당당한 가슴으로 안아주고 있다

책임
홍범도 장군의 귀환 — 수습으로 완성되는 책임

78년의 시간을 돌아,
'호랑이' 홍범도 장군이
제자리로 돌아오셨다

모든 것이 부족한 채 시작한 독립운동,
살아남은 자들의 절규로
숨 쉬기도 힘들었다

봉오동 전투의 승리,
그는 총사령관이었다

청산리 전투에서도
승전보를 울렸다
개인보다, 가족보다, 나라를 위해
싸워 지켜 냈다

얼어붙은 그들의 발싸개 위를 밟고
우리는 살고 있다

카자흐스탄, 고려극장,
야간 수위 시절,

장군의 이야기가 무대에 올랐다는 소식은
뒤늦게 들은 친척의 임종처럼
먹먹했다

100년 전이다
벌써 100년 전이다
아니, 겨우 100년 전의 일이다

78년의 시간을 돌아,
'호랑이' 홍범도 장군이
우리에게로 돌아오셨다
풍악을 울리고, 버선발로 맞으라

근면

담쟁이와 작은도서관 — 묵묵히 쌓이는 시간이 힘

꼬마 알전구가 반짝거리는
북카페 작은도서관
유리창 밖으로
담쟁이가 코딱지처럼 붙어 있다

실감 나는 주인공이 걸어 다니는 그림책방
잠든 쇼팽의 녹턴을 따라
예가체프 커피 향 가득한
도서관 유리창 가에 한자리 잡았다

제 발꿈치 뼘만큼 기어오르는 담쟁이
묵묵히 도서관 유리창 반을 덮었다

아이비리그 명문 도서관이 되려나
담쟁이를 보러 들락거리는 아이들
코딱지 파던 녀석과 함께 올라가

꿈은 벌써 지붕 위를 덮었다

용서

나와 너의 죄를 사하노라 — 너를 풀고 나를 놓아주는 용기

뜨거운 눈물로
사과를 하는 사람에게,
그의 짐을 풀어주는 것

버둥거리는 나에게,
나에게 준 상처를
스스로 치유하는 것

반 쯤 베인 심장을 움켜쥐고,
세상에서 제일 어려운 —
내가 나를 용서하는 것

격려
어떤 타로 상담 — 살짝 건네는 응원의 한마디

원하는 질문을 생각하며
카드 세 장을 뽑아주세요

당신은 최선을 다해 사셨네요
정말 잘 버텨주셨어요

검은 눈물을 쏟아,
푸바오가 된 그녀는
그렇게 한참 흐느끼고는

어깨를 펴고, 웃으며
자리에서 툭, 일어섰다

당신이 웃으면 되었다

우리의 비밀스런 이야기는,
기억을 지우는 스파이 영화처럼
쓰레기통에서 — 찌직!
번개처럼 부서졌다

3부
느린 불,
오래 따뜻함

'가치'라 부르는 단어들을

제 언어로 해석해 보았습니다.

느리게 피어나는 불빛처럼

오래 남는 온기를 품은

18편을 올려봅니다.

사랑

주어도 주어도 또 주고 싶은 마음

평화로운 학급 만들기 수업 중,
앞에는 가치 단어를,
뒷면에는 뜻을 적은 카드로 수업한 적이 있다

마무리에, 새롭게 알게 되었거나
기억에 남는 내용이 있는지
한 명씩 돌아가며 소감을 나누었다

한 친구가 자기 차례가 되자 말했다
"누구를 좋아하는 것보다
좀 더 많이 좋아하는 것이 사랑인 줄 알았는데,
'가진 모든 것을 주고도
더 주고 싶은 마음'이 사랑이라는 말이
마음에 와닿았다"고

그러자 몇몇 친구들이
"나도, 나도"하며 웅성거렸다
나도 그 사이에 "나도, 나도"하고 끼어들었다

나는 정말 사랑을 하는 걸까
당신은 정말 사랑을 하고 있나요

나눔
화수분을 품은 사람

이 동네에는, 길만 나서면
누군가 인사로 붙잡는 사람이 있다
나는 그 곁에서 멀뚱히 서 있다가
끝내 "같이 일하는 사람"으로 소개받는다
한 발 떼려 하면 누군가 또 다가와
우리는 또다시 제자리다

그 사람의 전화는 늘 분주하다
낯익은 현악소리가 깽깽 울리며
받으라 재촉한다

사람들은 묻는다—
어디가 좋은 병원인지,
이번 일을 도와줄 사람이 있는지,
새 자격증을 어디에서 써먹을 수 있는지
그는 "안 된다" 대신 이렇게 묻는다
"잠깐만 알아보고요.. 언제까지 필요하세요?"

전화 두어 통이면 된다
장소도, 사람도
각자 제자리를 찾아간다

수업 이야기를 꺼내면
자신의 경험을 얹어
아낌없이 나눠 준다

무엇을 꺼내 주고도
돌아서면 잊어버리는 사람
"그 덕에 잘했어요"라고 말하면
"그랬나요? 잘됐네요"하고 웃는 사람

나는 건네기 전에 잠깐 망설인다
'이걸로 누군가가 나보다 더 잘하면 어쩌지?'
그는 웃으며 말한다
"배워서 남에게 주자"
그리고는 가방에서
작은 과일을 툭 건넨다

그에게는 화수분이 담겨있다
꺼내 쓸수록 비는 대신
사람과 마음이 채워지는 그릇

---

* 화수분 : 재물이 계속 나오는 보물단지. 아무리 써도 줄지 않는다는 설화에서 나온 말

감사
아직 숨 쉬고 있음에 대한 고마움

어디서 주워 들었다
사람이 지금 이 순간까지 살아있는 건
기적이라고

넘어지거나, 수많은 사고로
꺼질 수 있었던 시간들―
뉴스에서 보던 일들을 버티고

지금, 이 순간
살아 있는 건
기적이라고

행복

바른 알아차림

정답은, 이미 아시잖아요
사람마다 다르고,
스스로 느껴야 한다는 것도요

밖에서 애써 찾지 마세요
어쩌면 이미 품고 계시지요
이제, 작은 꿈틀거림이 느껴지나요?

지금, 여기, 이 순간
당신을 바르게 알아차리는 일
지금도, 이대로 충분합니다

소통

가족에게만 안 통하는 것

집을 벗어나면,
상대방의 이야기를 듣고
내 말을 또렷이 전하려 하기에,
어렵지만 가능한 일

집에 들어서면,
아무리 노력해도 안 되는 일
처음에 기쁘게 시작했다가,
끝자락은 늘 아쉽고 안타깝다

계속해서 배우고
끊임없이 연습하며
감정을 읽고, 또 표현하고
숨 쉬듯 살아가야 하는 것

집 안의 가족들과
듣고 말하기가 서로 잘 된다면,
그— 무진장 어려운 일이 가능하다면,
그를 성인(聖人)이라 칭해도 무방하다

존중
의견을 귀담아들어 주는 태도

그러한 날이 있다
시댁 가족의 결혼식과
개인적인 중요한 행사가 겹친 날

시댁 육촌 아가씨의 딸 결혼식,
그리고 많은 도움을 준 지인의 첫 출판 기념회

어렵게 꺼낸 말에, 시댁에서는
주위의 고마운 분들에게
보답하며 살아야 한다고 말씀해 주셨다
남편만 보내면 된다는 말과 함께

그래서,
고마운 분의 첫 출판 기념회에 갔다
마음의 빚을, 조금 덜었다

협동
함께 세월을 걷는 사람들

30대 꽃다운 배우가 50대 중후한 배우가 되는 동안,
그를 응원하는 사람들의 모임이
꽉꽉 스무 해를 채웠다

배우는 귀농하여 마을 연극에 뿌리를 두었다
오랜만에 대학로 공연을 올렸다
그의 뜨거운 질문을 품은 공연을 보고
우리는 할 말 많은 수다쟁이가 되었다

팬클럽 창단 20주년 행사는
회원들의 동의와 의견을 모아
진지하게, 그리고 풍요롭게
순조로이 흘러갔다

배우에게 한 명씩 장미꽃을 전하고,
헌시를 함께 낭독하며 마음을 모았다
감사패 전달과 축하, 케이크의 달콤함까지—
소박하고 기분 좋은, 깊은 여운이 흘렀다

누가 떠민 것도 아닌
자발적인, 성공적인 행사 후,

허무하고 텅 빈 마음의 후폭풍이 몰아쳤다

좋아하는 배우와 함께 세월을 걷는다는 건,
좋아하는 사람들과 함께 한 곳을 바라본다는 건 —
행운이다

토닥토닥,
모두 모두 잘했다

* 배우 이상직 팬클럽 비르투오소(굴비두루미) 창단 20주년 행사 후

예절
서로의 시간을 소중히 여기고 아껴주기

그 사람은
먼저 환하게 인사하고, 안부를 묻는다
화통한 웃음소리를 가졌지만,
정중히 부탁하고 조근조근 설명한다

투자한 시간과 노력이 헛되지 않도록,
상대의 시간을 소중히 여기고,
아끼고 있음을 느끼게 한다
먼저 이야기를 잘 듣고,
해결책을 함께 고민한다
거리는 적당히 지킨다

자기가 그러고도,
그 사람은 스스로 말한다
예의 없고, 버릇없다고

효도

챙기지 못한 미안함에 가슴과 목이 메임

성공하면
현금다발을 딱,
계좌로 쫙 보낸다던 약속

수십 년째
그날을 믿고 기다린다 했다,
어머니는

받은 것의 반의반이라도
어떻게 돌려 드릴 수 있을까

안부 전화 한 통으로
대신해 온 약속은
내 가슴과 마른 목구멍에서
아직도 유효하다

평화

산산이 부서진 온몸의 조각을 다시 맞추다

잘 모르는 사람이
사람들 앞에서
나를 향해 화를 터뜨렸다

그 낯선 소리에
내 몸의 조각들이
사방으로 흩어졌다

말 한마디 못 한 내가 밉고
이불 속에서 며칠을 앓으며
수십 번의 싸움을 되풀이했다

며칠 뒤, 그녀는
이젠 괜찮다며
혼자 웃어 보였다

사과는, 끝내 없었다

나는 연습대로 조목조목 맞서려다
그녀를 산 너머로 밀어내고
산산이 부서진 조각들을

다시, 내 자리로 맞추었다

믿음
이제는 서로 잘 살아갈 거라고 응원하기

영화를 찍는다, 연극을 한다며
집안을 통째로 흔들어 놓은 큰언니가
딴따라 기타 멘 형부를 데려왔을 때
우리는 큰언니를 응원했다

큰언니는 늘 정신없이 바빴다
아침에 출근, 밤엔 연습실,
새벽에야 집 문이 열렸다
엄마는 말했다
결혼해도 옆에 둬야 맘이 놓인다고

외출하려는 큰언니의 옷차림을 보고
"그렇게 입고 가려는 건 아니지?"
잔소리가 습관처럼 뒤따랐지만
달라지는 건 거의 없었다

어렵게 산 명품 가방을
빌려 갔다가 바닥을 헐게 해서
태연히 내민 날도 있었다

결혼을 해도 친정일에 바쁜 동생들은

세상 물정 모르는 큰언니에게
힘든 소식을 차마 꺼내지 않았다

나중에 큰언니는 몰랐다며,
왜 말해 주지 않았냐며
뒤늦게 미안해 했다

엄마의 바람과 달리
말로만 듣던 삼천포, 사천 쪽으로
가장 멀리 시집간 큰언니는
가족의 무거운 소식과
조금씩 멀어졌다

결혼 생각이 없던 딴따라 큰형부는
쉬는 날 딱 하루, 부산국제영화제 갔다가
눈에 콩깍지가 단단히 씌인
큰언니를 만났고
둘을 꼭 빼닮은 딸을 엄마께 선물했다

"꼭 너 같은 딸 낳아 키워 봐라"
엄마의 말은 예언이 되었고

큰언니는 보답하듯
자기 딸에게 기쁘게 끌려다녔다

딴따라 큰형부는
가정을 먼저 세우는 사람,
때마다 싱싱한 장어와 키위를 올려보내고
서울 식구들 못 챙겨 미안하다며
큰언니 대신 우리를 살뜰히 챙겼다

이제는 안다
우리가 먼저 건넨 응원이
서투른 믿음이 아니었음을
서로의 삶이 제자리에서
조금씩 자라난다는 것을

성실
매일 꾸준히 반복하는 일

좋으시겠어요
노래하는 사람과 살면요,
매일 저녁 세레나데를 불러주나요?

아뇨,
노래 연습한다고, 한 노래를 반복해서 듣고,
익숙해지면 악보를 보고 연습하고,
괜찮다 싶으면 기타 치며 연습해요
듣기만 한 제가 노래를 다 외울 정도로,
일주일째, 저녁마다,
꾸준―히요

어때요
함께 살아 보실래요?

자율
네가 선택한 길을 응원해 주는 것

여기 영어학원 보내 주세요
제가 알아봤는데 이 학원이 맞는 것 같아요

그림 그리고 싶어요 미술학원에 보내 주세요
미술학원은 여기요, 가고 싶은 학과와 어울려요

육아책과 부모 교육 세미나로 무장한
엄마의 교육 유통기한은, 길어야 일주일이었다
그러고는 잔소리 대마왕으로 되돌아왔다

타로 상담으로 뒤늦게 마주한 아이의 성향은—
잔소리는, 폭발하여 튕겨 나가게 하는 촉매제
그냥 믿어 주기만 하면 되는,
조용히 기다려 주기만 하면 되는 아이였다

믿고 기다리는 시간은, 온몸이 비틀릴지언정
그다음부터 공부 이야기는 입에서 접었다
먹을거리와 건강 이야기로 채웠다

본인이 하고 싶은 일을 말하더니,
스스로 선택하고 결정하며 잘하고 있다

본인의 인생이니 더욱 소중하다고,
망친 시험은, 본인이 더 힘들다고

아이를 믿는 만큼, 응원하고 기다리는 만큼—
아이도 우리도 한 뼘 자라는 중이다

노력
투덜거림이 아닌 작은 행동

회복적 정의에서는 '벌새 이야기'를 중요하게 여겨요

벌새는 엄지손가락만 한 작은 새예요
빠른 날개짓 때문에 웅—웅—거리는 소리가 나서
허밍버드, 벌새라고 부르지요
몸도 부리도 작아요
벌새 이야기를 한 번 들어보실래요?

어느 날, 큰 숲에 불이 났어요
동물들은 겁에 질려 달아났고요
그때 아주 작은 벌새 크리킨디가
부리로 물 한 방울씩 옮겨
불길에 뿌리며 분주히 날아다녔어요

다른 동물들이 "그래서 불이 꺼지겠느냐"고 비웃자,
크리킨디는 말했어요
"나는 지금, 내가 할 수 있는 일을 할 뿐이야"

그 말이 퍼져 나갔고,
동물들은 각자 가능할 일을 시작했어요
작은 물방울들이 모여

불길은 서서히 사그러졌어요

작은 행동 하나가 선한 영향으로 번져
커다란 변화를 만들 수 있다는 이야기예요
그래서 우리는 '벌새의 물방울'을 소중히 여겨요

정직

사실인정 다음에 오는 마음의 순서

신호등 앞, 일곱 살,
팔꿈치 하나가 툭— 스치고 지나갔다
멋진 캐릭터 풍선이 휘익— 하늘로 사라졌다

아빠가 말했다. "책임을 지세요"
오리걸음, 백 걸음, 다시 여기로!
아저씨는 돌고, 사건은 그렇게 닫혔다

아빠는 미소 지었고,
아저씨는 당당히 어깨를 폈다
아이의 울음만, 그대로였다

아이에게 먼저 눈을 맞추고
"미안해요"라고 말할 용기,
새 풍선 하나를 건넸더라면

사실인정 다음에 오는 마음의 순서
당연하지만, 쉽지 않은 일
나조차도

겸손
큰 어른이 되어야 가능한 일

혹시,
영화 '어른 김장하' 보셨나요?
'줬으면 그만이지' 읽어 보셨나요?

김장하 선생님은
경남 진주시에서 남성당 한약방을 운영하며,
100억 원이 넘는 금액을 기부해
명신고등학교를 설립하고,
장학 사업을 추진하셨어요

김장하 선생님이 남기신 말씀
"돈은 똥이다. 모아두면 썩고,
흩어 버리면 거름이 된다."
"내게 고마워할 필요는 없다.
나는 이 사회의 것을 너에게 주었으니,
갚으려거든 내가 아니라 이 사회에 갚아라."
"줬으면 그만이지"

행사에 가셔도 맨 구석자리에 앉아,
조용히, 참석자들의 이야기에
귀 기울이셨대요

저라면,
장학금 주면서 사진 찍고 보도자료 내고,
후원회 하면서 인터뷰하고,
학교를 세우며 기자회견도 하고—
자랑했을 텐데요

김장하 선생님을 직접 뵌 적은 없지만,
영화와 책에
제가 아는 사람들이 열 명은 나오더라고요
얼마나 깜짝 놀랐겠어요

삼천포터미널에서 진주는 아주 가까워요
지하철 기준으로 홍대입구↔건대입구쯤,
약 40분이에요

김장하 선생님의 영향력은,
얼굴도 뵌 적 없는 저에게도,
제 주위의 많은 분들에게도
자연스럽게 영향을 주고받으며
좋은 연결이 되었어요

어른이 되어야,
큰 어른이 되어야
가능한 일이라고 생각해요

열정
그때는 그래서 그랬을 거야

열정에 대한 시를 쓴다고 하니,
남해에 자리 잡은 손경민 선생님은 말했다
그 순간에는 잘 모르고, 시간이 지나야 안다고
아─그때 내가 열정적이었구나, 하고 느낀다고

나는 생각했다
그 순간에 최선을 다하면 그게 열정이고,
지난 이후에도 후회가 없다면
그 또한 열정이라고

그때는 그래서 그랬을 거라고,
그만한 이유가 있었을 거라고,
그게 최선이었다고, 후회도 없다고,
우리는 서로 맞다며 소리내어 웃었다

우리의 열정은
과거의 나로부터 쭈욱─
지금까지 연결되어 있었다

창의성
거꾸로 매달려 커다란 우주를 그리기

거꾸로 매달려 본 세상은 어때
얼굴이 빨개지고
천장과 바닥이 바뀐다

너의 우주가 거기 있었다
내가 알던 별자리는
전부 흘러내리고

이제야 본다
세상에 맞추려 힘겨웠을
너의 우주선

미안해
이제는 네가 보는 자리에서
맘껏 그려 봐

4부
꺼낼수록
채워지는 것들

직접 찍은 사진 위에

짧은 글을 얹어 만든

디카시 21편을 담았습니다

하늘에 꽃이 피었네요

하늘에 꽃이 피었네요
당신도 보고 있나요

거울 속

거울아! 거울아!
　　　네 안에 혹시,
　　　　　　예쁜 나 있니?

너를 보았다

살짝 익은 햇살 덕에, 너를 보았다

가자!

너와 달릴 생각만 하면
심장이 부릉 — 부르르 떤다
바다가 부르면,
우리는 눈길 위로
길을 만든다

노을

아이 — 참!
울지 말라고!
내일 또 만난나고!

그래도
인사가 자꾸 길어진다

대화

할 말이 있는데,

네 말에 — 동의해

고마워

동상이몽(同床異夢)

계속 옆에 ― 있어 줄 거지?

하는 거 ― 봐서

에헴

너를 보니 바다가 궁금해

너를 보니
바다가
궁금해

여기저기 바다

해를 보러 나온 — 가리비와
바위틈 따개비,
상어에게서 도망가는 물고기 떼
여기도, 저기도 — 바다야

사실

내 손에서 미끄러져
쨍그랑 — 깨졌다

수명이 다해서 깨졌노라,
둘러댔다

돌아온 건
내가 깼다는
단 하나의 사실

생각 전환

우린 서로
촘촘히 얽매여 —
묶여 있는 줄 알았지

사실은, 연결이었어
서로를 안아주고
지켜 주는

증거

왜 그렇게 — 지저분해 보여?

살아 있었다는 — 증거야

여기가 — 내장이었어

너를 위해

빈 곳은 메워 두고
거친 건 부드럽게
남들 보기 좋게 만든나
당연히 너를 위해서라고

이제는
빈 곳은 비워 두고
거친 건 거친 대로
그대로 두는 일 또한
결국은, 너를 위해

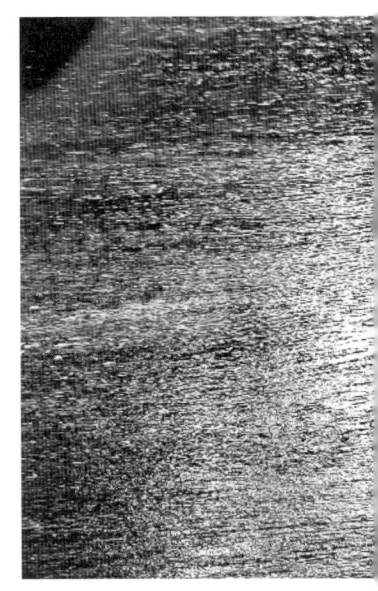

촛불

화알짝 웃으며
즐겁게, 환하게
타오르는 촛불

슬플 거라는 건
외롭겠다는 건
눈물 난다는 건

네 기분 탓이야

동글동글 생명나무

나 혼자, 동글동글
예쁜 줄 알았더니

옆도, 위도, 아래쪽도 —
너 또한 예쁘구나

떨어져 있는 듯,
함께하고 있는 —
너 역시 — 나로구나

보이지 않는 선을
함께 지켜 주네

모두가 동글동글,
하나의 — 생명나무다

엉킨 실타래

엉킨 실타래를 푸는 데,
꼬박 — 여섯 시간이더랬다
기쁜 마음으로 보낸, 라디오 사연
사람 사이 실타래도 —
여섯 시간쯤이면, 풀리면 좋겠다는
디제이의 화답 한 줄에 —
사르르, 풀렸다

줄줄이 사탕

좋은 일이 줄줄이 사탕처럼
넝쿨째 들어왔으면 좋겠다

언니, 동생 하나씩 나눠주고
떠날 때는 천천히 사라지길
아픔 하나 없는 인사이길

오늘도 줄줄이 소시지처럼
좋은 일이 생겼으면 좋겠다

고마워 드림키퍼

고마워,
땀나는
악몽에서
구해줘서

하얀 튤립

하하하 소리를 내며
하얀 이가 보이는 웃음이 보인다

사알짝 내미는 손엔
하얀 손끝, 수줍은 설렘이 보인다

하얗게 지새는 밤엔
마음은 저기 저 태양보다 더 뜨겁다

사과꽃

흩날리는 벚꽃비가
사과꽃에게 바통을 넘겨주었다

오늘따라 네가 더욱 멋져보인다

오늘따라 네가 더욱 멋져보인다

작품해설

정삼조(시인)

작품해설

살아있음을 밝히는 우화(寓話)

정삼조(시인)

1.

우리에게 살아있다는 것만큼 소중한 일은 없을 듯하다. 죽은 뒤의 일은, 내세가 있다는 특정 종교의 신실한 신도를 제외하고는, 알 수 없는 것이기에 그 알 수 없는 세계에 들기 전의 '살아있음'은 누구에게나 더없이 소중한 일이 아닐 수 없는 까닭이겠다.

삶에 대한 자세나 생각은 또 사람마다 다 다르다. 세상에는 사람 수만큼 많은 생각들이 있는 셈이다.

시는 이 많은 삶과 생각들 가운데서 더 아름다운 것과 가치 있는 것을 발견하여 그것을 해당 시인의 독특한 방식으로 드러냄으로써 감동을 주고자 하는 문학의 한 장르로 생각할 수 있겠다.

아름다운 것과 가치 있는 것은 아마도 도덕 교과서에 다 실려 있는 듯해도, 세상에는 앞서 말한 수많은 삶과 생각과 함께 온갖 사물들이 어지럽게 섞여 있기도 하고 가지런히 어울려 있기도 해서, 세상에 같은 것이 없다. 어제와 오늘이 같고 작년과 올해가 같다는 사람은 아마 시인이 될 자격의 첫 번째 소양인 관찰력이 뒤지는 사람일 것 같다.

 김희주 시인은 이 시집에서 아름다운 것과 가치 있는 것의 덕목을 시의 제목으로 많이 드러내고 있다. 예컨대, 긍정 근면 용기 격려 등이다. 그리고 그 제목 아래 부제(副題)로 원래 제목으로 씀직한 말을 덧붙였다.

 시의 중심생각은 당연히 위에 말한 '덕목'에 관한 것이다. 그런데 그 내용은 시인이 관찰한 것, 일어났던 일 중에서 특이한 것, 감명 깊었던 일 등이다. 당연히 도덕 교과서에 나올 내용과는 정서적으로 하늘과 땅 차이가 있다. 즉 '덕목'과 관련 있을 만한 일화를 덕목 대신으로 쓴 것이다. 덕목을 직접 설명하지 않고 다른 일화를 대신 씀으로써 읽는 이로 하여금 그 덕목을 깨닫게 하는 기법은 우화(寓話)를 쓴 기법에 해당한다. '이솝 우화'를 생각하면 금방 알 수 있겠다.

 이 시집은 '살아있음'을 긍정적이고 소중히 여기며 그것을 드러내고자 하는 마음을 우화의 기법으로 드러내고자 한 시집이라고 생각한다.

 이 시집의 다른 특징은 쉽다는 점이다. 괜히 잘난 척하는 맛이 없다. 이것은 흠이 아니다. 독자에게 더 가까이 가려는 시인의 바람이다. 아래에 서문의 일부분을 옮겨 본다. 시인이 생각하는 좋은 시의 전범인 모양이다. 그런 다음 시집의

목차를 따라가며 십여 편 시를 추려 함께 감상해 보기로 하겠다.

"변화를 허용하되 중심을 잃지 않는 시,
색을 지니되 그 색에 머물지 않는 시,
같은 듯 다른, 다른 듯 같은,
한마디 말로 쉽게 규정되지 않는,
세상을 담아 살아 꿈틀거리는 시."

2.

제1부는 '숨 한 번 마음 한 번'으로 제목한 24편의 시다. 가족을 중심으로 한 사람들과의 관계를 소중히 여기는 마음을 표현한 시라 생각된다.

호호 불어 날린 민들레 씨앗보다
백만 배 가볍게 떠도는 내 마음을
일주일 잠복 끝에 겨우 잡아
안방 천장에 꾸―욱 붙였다
12년 된 야광별 가족이

반갑다며 반짝거렸다
                        – '마음을 천장에 붙이다' 전문

이 시집의 제목이기도 한 시다. 가족의 일원임을 새삼 깨닫고 마음을 안방 천장에 꾹 눌러 붙였다는 내용이다. 민들레 씨앗보다 가볍다는 비교와 날아가지 못하도록 천장에 붙였다는 대비가 선명하고 야광으로 빛나는 가족별이 정답다.

나를 책상에 앉혔다
배워야 할 영역이

책과 나를, 분리시켰다
내 머리가

글자를, 끝내 거부했다
내 눈이

내가 밟아
땅바닥에 뒹굴던 자존감을,

일흔다섯에 아카데미상을 받은 여배우가

내 손에 나를, 살포시 쥐여줬다

(*75세에 아카데미 여우조연상 수상한 배우 윤여정 씨를 보고)

– '내 손에 나를' 전문

만학(晩學)을 하는 작중 화자가 늦게 하는 공부가 힘들어 괴로웠으나, 원로배우의 아카데미상 수상 소식에 깜짝 놀라 자신을 다시 가지게 되었다는 내용이다. 젊은 사람도 어려운 공부를 늦게 시작한 용기와 땅바닥까지 떨어진 자신감, 여배우의 말 없는 격려가 눈에 띈다.

다음 시는 친정어머니의 정성을 생각하는 시다.

제대로 요리 하나 못 하는
나이 들어 시집간 큰딸에게 보낸,
내가 좋아하는 깻잎부침개

한장 한장 깨끗이 씻어
두 장을 살포시 포개고
묽은 부침가루 반죽 살짝 입혀
모양 살려 부친 — 깻잎부침개

꽁꽁 얼려 보낸,
켜켜이 쌓인 부침개 덩어리는
짙어진 엄마의 주름과 겹쳐
김칫국물 사레보다 ― 더 맵다
                    – '깻잎부침개' 부분

3.

　제2부는 '사이를 잇는 말들'이란 제목 아래 '가치'를 드러내는 덕목의 시 17편으로 구성되었다.

그게 뭐라고
따뜻한 눈빛에
가슴이 아리네

그게 뭐라고
말 한마디에
목이 메이네

그게 뭐라고

웃음소리에
눈물이 나네

그게 뭐라고
토닥이는 손에
녹아 버리네

그게 뭐라고

― 공감(그게 뭐라고 ― 작은 온기에 흔들리는 마음) 전문

  따뜻한 눈빛, 말 한마디, 웃음소리, 토닥이는 손은 '정'을 머금은 말들이다. 이 말을 해준다고 해서 손해 볼 일은 전혀 없다. 오히려 위안을 받는 상대방을 보며 내 마음이 더 편안해질 것 같다. '그게 뭐라고' 실행하지 못하는 우리 현실이 안타까울 뿐이다.
  다음 시 몇 편도 우리가 쉽게 할 수 있는데도 실행하지 못해 어긋나는 사람들 사이를 바라보는 안타까움을 그린 시다.

그 선을 넘었다
무심코, 넘어버렸다

세상은 무너지지 않았고
하늘은 아직 머리 위에 있다

발밑에 그어진
삐뚤한 선 하나를
신발 앞코로,
툭툭 지워 버렸다
— 긍정(그 선을 넘었다 — 하늘은 아직 머리 위에) 부분

뜨거운 눈물로
사과를 하는 사람에게,
그의 짐을 풀어주는 것

버둥거리는 나에게,
나에게 준 상처를
스스로 치유하는 것

반쯤 베인 심장을 움켜쥐고,
세상에서 제일 어려운 —
내가 나를 용서하는 것
— 용서(나와 너의 죄를 사하노라 – 너를 풀고 나를 놓아주는 용기) 전문

당신은 최선을 다해 사셨네요
정말 잘 버텨주셨어요

검은 눈물을 쏟아,
푸바오가 된 그녀는
그렇게 한참 흐느끼고는

어깨를 펴고, 웃으며
자리에서 툭, 일어섰다

     ― 격려(어떤 타로 상담 ― 살짝 건네는 응원의 한마디) 부분

 시 '긍정'은 스스로 정한 '부정'을 마음먹기에 따라 손쉽게 긍정으로 바꾼 경험을 밝게 노래한 시다. 시 '용서' 역시 마음만 먹으면 쉽게 실행할 수 있는 일을 미처 못 하다 비로소 하게 된 나의 못남을 어렵게 용서하는 마음을 그린 시다. 남을 용서하기보다 나를 용서하기 힘든 일은 그만큼 자신에게 엄격한 모습을 보이는 일이기도 하다. '격려'는 타로 상담의 한 모습을 그렸다. 작중 화자는 타로 상담자가 되어 피상담자를 위로하고 격려해 주는 일의 보람을 드러냈다. 긍정, 용서, 격려는 다 밝은 쪽의 말이다. 이 시들에서 밝은 세계를 지향하

려는 시인의 마음을 엿볼 수 있겠다.

다음 시 '근면'은 시인이 봉사하는 작은도서관의 담쟁이를 대상으로 한 시이다. 유리창을 덮으며 위로만 가만히 오르는 담쟁이를 보며 커가는 아이들을 연상해 보는 작품이다. 시의 소재와 주제가 잘 어울리는 시다. 도서관에 걸어두고 싶은 시다.

꼬마 알전구가 반짝거리는
북카페 작은도서관
유리창 밖으로
담쟁이가 코딱지처럼 붙어 있다

실감 나는 주인공이 걸어 다니는 그림책방
잠든 쇼팽의 녹턴을 따라
예가체프 커피 향 가득한
도서관 유리창 가에 한자리 잡았다

제 발꿈치 뼘만큼 기어오르는 담쟁이
묵묵히 도서관 유리창 반을 덮었다

아이비리그 명문 도서관이 되려나

담쟁이를 보러 들락거리는 아이들
코딱지 파던 녀석과 함께 올라가

꿈은 벌써 지붕 위를 덮었다
    —근면(담쟁이와 작은도서관 — 묵묵히 쌓이는 시간이 힘) 전문

4.

제3부는 '느린 불, 오래 따뜻함'이란 이름 아래 제2부처럼 '가치'를 드러내는 시 18편으로 구성되었다. '나눔'을 노래한 시가 우선 눈에 띈다.

무엇을 꺼내 주고도
돌아서면 잊어버리는 사람
"그 덕에 잘했어요"라고 말하면
"그랬나요? 잘됐네요"하고 웃는 사람

나는 건네기 전에 잠깐 망설인다
'이걸로 누군가가 나보다 더 잘하면 어쩌지?'
그는 웃으며 말한다

"배워서 남에게 주자"
그리고는 가방에서
작은 과일을 툭 건넨다

그에게는 화수분이 담겨있다
꺼내 쓸수록 비는 대신
사람과 마음이 채워지는 그릇
– 나눔_(화수분을 품은 사람) 부분

  화수분은 꺼내 쓰면 금세 재물이 가득 차는 그릇을 뜻한다고 소개되었다. 이 시에서 화수분이란 별호를 가진 사람은 남에게 복을 나누어주는 사람이다. 그러니까 복이 가득 차서 꺼내 써도 금방 다시 보충되는 사람이다. 남에게 기쁨을 주는 사람, 도울 것이 없나 항상 찾는 사람, 행여라도 대가를 기대하지 않는 사람이다. 어쩌면 돈보다 소중한 것을 가진 사람이다. '나눔'의 미덕이다.

어디서 주워 들었다
사람이 지금 이 순간까지 살아있는 건
기적이라고

넘어지거나, 수많은 사고로
꺼질 수 있었던 시간들—
뉴스에서 보던 일들을 버티고

지금, 이 순간
살아 있는 건
기적이라고

―감사(아직 숨 쉬고 있음에 대한 고마움) 전문

살아있는 것에 감사할 줄 아는 사람이라면 틀림없이 세상 모두에게도 감사하는 사람임을 믿어 틀림없다. 나의 이웃이 있기에 내가 살아갈 수 있기 때문이다. 갑자기 혼자 외딴곳에 떨어져 살게 되었다고 상상해 보라. 얼마나 사람이 그리울 것인가. 평범한 것이 실제로는 더 소중한 것이 많은 법이다. 효도도 마찬가지다. 누구보다도 더 공경해야 하고 받들어야 마땅하지만, 일상에 묻혀 소홀해지기가 쉽다. 다음 시는 그 효도를 알기 쉽게 쓴 시다.

받은 것의 반의반이라도
어떻게 돌려 드릴 수 있을까

안부 전화 한 통으로
대신해 온 약속은
내 가슴과 마른 목구멍에서
아직도 유효하다

— 효도(챙기지 못한 미안함에 가슴과 목이 메임) 부분

5.

제4부는 '꺼낼수록 채워지는 것들'이라는 글제 아래 21편의 디카시가 사진과 함께 소개되고 있다. 시각적 효과가 더해져서 그런지 시 읽기가 한결 흥미롭다. 디카시 치고는 좀 긴 시 세 편을 추려 함께 읽고자 한다.

너와 달릴 생각만 하면
심장이 부릉—부르르 떤다
바다가 부르면,
우리는 눈길 위로
길을 만든다

— '가자!' 전문

아이-참!
울지 말라고!
내일 또 만난다고!

그래도
인사가 자꾸 길어진다
-'노을' 전문

엉킨 실타래를 푸는 데,
꼬박 — 여섯 시간이더랬다
기쁜 마음으로 보낸, 라디오 사연
사람 사이 실타래도 —
여섯 시간쯤이면, 풀리면 좋겠다는
디제이의 화답 한 줄에 —
사르르, 풀렸다
-'엉킨 실타래' 전문

시 '가자!'는 멈춰져 있는 오토바이 사진과 함께 실렸다. 저 오토바이를 타고 속이 확 뚫리는 바다까지 가고 싶다는 욕망을 그렸다. 사진과 시가 잘 어울린다는 생각을 감출 수 없었다. 시 '노을'은 울며 떼쓰는 아이를 달래는 듯한 느낌을 준다. 노을이 붉게 타서 사라지는 광경을 아쉬워하면서도 내일을 기약해 보는 마음이 엿보인다. 시 '엉킨 실다래'는 이리저리 엉킨 마음을 잘 표현한 시다. 엉킨 것이 실타래뿐이랴 하는 마음이 절로 드는 시였다.

6.

이상에서 이 시집에 실린 시를 간략히 일별해 보았다. 앞서도 말한 바와 같이 이 시집에서 다루고자 했던 시의 소재들은 매우 추상적이다. 이런 소재를 다루기는 일반적으로 매우 어렵다. 그럼에도 김희주 시인은 이 어려운 과제를, 각 소재에 자기가 겪은 일화를 우회적으로 제시하는 우화 형식을 도입하여, 아주 쉽게 풀어내고 있다. 이것은 시인이 어려운 환경에서도 세상을 밝게 바라보려는 노력의 산물이라고 믿는다.

장차 이 시인의 연륜이 더 깊어져 시의 깊이도 함께 더 드러날 날을 기대해 본다.

마음을 천장에 붙이다

맨드리 김희주 시집

발 행 일	2025년 11월 20일

지 은 이	김희주

발 행 인	이문희
발 행 처	도서출판 곰단지
주 소	52818 경남 진주시 동부로 169번길 12, A동 1007호
전 화	070-7677-1622

I S B N 979-11-94688-15-0 (03810)

이 책은 저작권법에 따라 보호를 받는 저작물이므로 무단 전제와 무단 복제를 금합니다.
이 책 내용의 일부를 이용하려면 반드시 저작권자와 출판사의 서면동의를 받아야합니다.
이 책은 〈2025 한국예술인복지재단 예술활동준비금지원사업〉의 지원으로 제작되었습니다.